Schein-Heilig

Das Verschenkbuch für Geldscheine zum Einkleben!

Die Hafenprinzessin

Dieses Buch gehört:

_____

Es wird dir geschenkt von:

_____

Impressum

Verantwortlich

Christian Flick / Mathias Weber

youneo projects flick und weber GbR, Poststraße 1, 49326 Melle

info@youneoprojects.de, www.youneoprojects.de

Herstellung und Verlag

BoD - Books on Demand, Norderstedt

Bildquellen

© ALMAGAMI/shutterstock (Cover), ddok/shutterstock

ISBN: 9783746076683

Geld ist manchmal nicht wirklich persönlich.

Geld ist manchmal
etwas muffig.

Geld ist
manchmal nötig.

Geld ist manchmal
ein tolles Tauschmittel.

Geld ist manchmal
Grund zur Freude.

Geld ist manchmal
Grund für Streitigkeiten.

Geld ist manchmal
das Dankeschön vom
Chef.

Geld ist manchmal
eine Möglichkeit.

Geld ist manchmal ein Mittel zum Drinkeintausch.

Geld ist manchmal
ein notwendiges Übel.

Geld ist manchmal
überbewertet.

Geld ist manchmal ein wahrer Gut-Schein.

Geld ist manchmal
ein Lockmittel.

Geld ist manchmal
ein Druckmittel.

Geld ist manchmal
eine Chance.

Einklebefläche für Geldscheine:

Einklebefläche für Geldscheine:

Geld ist oft ein
Wunscherfüller.

Geld ist oft gar nicht so schlimm.

Geld ist oft gar
nicht so wichtig.

Geld macht Freude.

Geld unterstützt
tolle Momente.

Geld fördert Projekte.

Geld hilft heilen.

Geld lässt
Autos fahren.

Geld kann
Hilfe liefern.

Geld kann
gefaltet werden.

Geld kann
verteilt werden.

Geld kann
verschenkt werden.

Geld ist nur das,
was man draus macht.

Geld ist kein Feind,
sondern neutral.

Geld ist kein Freund,
sondern neutral.

Geld ist jetzt die Möglichkeit, dein perfektes Geschenk selbst zu kaufen.

Bitte kaufe etwas von diesem Geld, was dir Freude bereitet, was dir wirklich gefällt, was dir eine schöne Zeit bereitet, oder was auch immer du magst.